CORNELIS HENRY DE WITT

15 décembre 1889

CORNELIS HENRY DE WITT

15 décembre 1889

> Heureux sont dès à présent les morts qui
> meurent au Seigneur, car ils se reposent de
> leurs travaux, et leurs œuvres les suivent.
>
> « Apocalypse, xiv, 13 »

PAROLES

PRONONCÉES PAR M. LE PASTEUR PICARD

Paris, 17 décembre 1889.

MES FRÈRES,

Nous sommes assemblés ici pour rendre les derniers devoirs à M. Cornelis de Witt, que Dieu a repris à lui à l'âge de soixante et un ans. Je crois être l'interprète de vos pensées et de vos désirs, en offrant le témoignage de notre commune et respectueuse sympathie à la famille qui vient d'être si douloureusement frappée par la mort de son chef. Et cette sympathie, je le sais, on l'a éprouvée bien au delà du cercle de parents et d'amis réunis aujourd'hui dans cette maison de deuil, lorsqu'on a appris, par la voie de la presse, la fin de cette noble vie. Oui, c'était une noble vie que celle qui vient de s'éteindre. Je n'apprendrai rien à ceux qui ont connu M. de Witt en disant de lui : C'était un homme de devoir.

— Et quand on dit cela d'un homme, on ne fait pas de lui, quoi qu'il semble, un éloge banal.

Il y a, par le monde, des hommes qui ont pris pour devise de l'existence le *plaisir*. Il y en a d'autres qui ont pris pour devise l'*intérêt*. Les uns et les autres ne sont pas rares, et même je ne crois pas calomnier notre époque et notre société, en affirmant qu'ils sont le plus grand nombre. Mais lorsque, au milieu de cette multitude qui ne connaît que l'intérêt et le plaisir, nous rencontrons un homme qui ne connaît que le devoir, un homme qui a fait du devoir le but même de sa vie, inclinons-nous avec respect. Cet homme-là, que ce soit un noble ou un roturier, un écrivain ou un artisan, un riche ou un pauvre, cet homme-là est un héros, et quand il vient à disparaître, l'humanité s'appauvrit en le perdant. Tel a été M. de Witt, et cela d'un bout à l'autre de sa carrière. La veille de sa mort, ceux qui l'entouraient étaient singulièrement attristés par ce déclin des facultés supérieures qui marque si souvent la période finale de notre existence. Mais, au milieu de ces ténèbres de la dernière heure, il y avait un point lumineux qui brillait tout au fond de son âme : c'était la pensée du devoir : « Quel est mon devoir ? demandait-il dans son délire ; quel est le premier de mes devoirs ? Dites-le-moi, je voudrais le connaître. » On eût été tenté de dire : « Ce n'est déjà plus lui » ; et cependant c'était lui encore, lui tel qu'il avait été toute sa vie, avec sa conscience toujours éveillée et survivant à tout le reste.

Mes frères, celui dont nous parlons n'aimait point les oraisons funèbres, et je dois à sa mémoire de ne point en faire à cette heure. Si j'ai signalé ce trait distinctif de son caractère, — c'est dans le dessein, non de le glorifier lui-même, mais de glorifier Dieu, dont l'Écriture nous dit qu'il est l'unique auteur de toute grâce excellente et de tout don parfait. M. de Witt avait formé sa conscience à l'école du Christ. Sa morale procédait directement de sa foi : il n'était pas seulement un chrétien et un homme de devoir; il était un homme de devoir, parce qu'il était un chrétien. Et ces convictions religieuses dataient de loin : enfant, il avait profondément subi l'influence d'une sainte femme qui lui avait servi de mère; adolescent, il fut reçu avec bienveillance au foyer de M. Guizot dont il allait, tout jeune encore, devenir le gendre. Ce fut dans ces nobles intimités qu'il apprit à aimer et à respecter l'Évangile, et qu'il se prépara au combat de la vie.

Hélas! l'épreuve ne lui fut pas épargnée. Il n'est pas dans les desseins de Dieu de dispenser les meilleurs de ses enfants de l'éducation de la souffrance, austère et redoutable bienfait! Faire la volonté de Dieu n'est pas toujours facile ici-bas; l'accepter l'est parfois moins encore. M. de Witt ne faillit pas plus devant l'épreuve que devant le devoir, — toujours soutenu par une foi en même temps forte et naïve, une foi qui ne raisonnait pas, qui ne discutait pas, qui était à l'abri des pourquoi et des comment, cette foi simple qui n'est pas seulement la foi des enfants, mais qui a été si souvent aussi la foi de ces penseurs qui, après toute une vie de labeur intellectuel, ont fini par constater combien était petit le champ des connaissances humaines.

Ce fut cette foi inébranlable qui soutint M. de Witt pendant sa dernière épreuve, cette longue et douloureuse maladie qui, depuis plusieurs mois, ne laissait plus aucun espoir à sa famille et à ses amis. Tous ceux qui l'ont approché, ces derniers temps, savent quelle force lui apportaient les promesses et les espérances chrétiennes, même au milieu des défaillances de sa pensée; combien il aimait à entendre certains passages de la sainte Écriture; avec quelle joie il les redisait quand on les lui avait lus; avec quelle paisible ferveur il écoutait la prière, demandant surtout qu'on lui répétât la plus simple et la plus belle de toutes les prières, celle qui convient également à tous les âges et à toutes les situations de la vie, celle qui exprime le mieux, dans sa brièveté, tous les besoins et toutes les aspirations de l'âme humaine : « Notre Père qui es aux cieux... »

Mes frères, un grand enseignement découle de cette vie et de cette mort : c'est la nécessité des convictions religieuses; et je ne parle pas ici de ces

croyances superficielles que l'on conserve ou que
l'on feint de conserver, quand on appartient à une
société élégante et polie; je ne parle pas de ce respect formaliste que l'on professe pour l'Église de
son baptême, quand on se pique d'être un homme
bien élevé; je parle des convictions qui vous arra-
chent à l'étreinte des choses visibles et périssables,
qui nous élèvent jusqu'à Dieu et nous font pénétrer
dans le mystère de sa justice et de son amour.

Oui, il faut croire ainsi pour rester fidèle au devoir;
quand on croit ainsi, alors le devoir cesse d'être cette
chose vague et abstraite, venant on ne sait d'où et
s'imposant à nous on ne sait pourquoi; alors il nous
apparaît comme l'expression de la volonté de Dieu,
de cette volonté souveraine qu'on ne peut impuné-
ment méconnaître; — alors nous savons que la
notion du bien que nous trouvons en nous nous
vient de Celui qui nous a créés et qui, en nous façon-
nant, a laissé dans notre argile l'empreinte de sa
main; — et quand on croit cela, quand on le croit
sérieusement, on se soumet au devoir quand il est
attrayant et facile, et l'on s'y soumet encore quand il
est austère et douloureux, et quand il met la chair en
révolte.

Oui, — il faut croire pour accepter les épreuves
de la vie, pour les subir non seulement sans déses-
poir, mais même sans découragement et sans mur-
mures. — Il faut croire, bien souvent sans com-

prendre, sans comprendre le mystère de la doctrine et sans comprendre davantage le mystère de certaines dispensations de la Providence, mais sans être étonnés de ne pas comprendre les choses d'en Haut, — en nous rappelant que nous ne parvenons pas même à comprendre celles d'ici-bas, et que le grain de blé qui germe dans le sillon et le battement de notre cœur sont déjà pour nous d'impénétrables mystères.

Il faut croire enfin pour mourir... Oh! mourir sans croire, mourir sans espérer... Je ne comprends pas, je ne conçois pas qu'il y ait au monde des hommes qui prennent leur parti de cela. Vivre, et voir là-bas, à l'horizon vers lequel nous marchons, la mort et ses épouvantes, la mort et l'inconnu de l'éternité... et ne rien savoir et s'en aller vers le gouffre les yeux fermés... cela est digne d'une créature privée de raison, mais non d'un homme avec ses aspirations glorieuses et avec son invincible amour de la vie.

Que ceux qui croient déjà et que ceux qui ne croient pas encore, mais qui sentent que la vie est désolante quand on la traverse sans foi et sans espérance, que les uns et les autres ouvrent l'Évangile. Oui, ouvrons l'Évangile, ouvrons-le sans parti pris, cet Évangile, qui, depuis dix-huit siècles, console les humbles et les petits de la terre, et devant lequel tant d'hommes de génie ont prosterné leur sagesse, et là, nous trouverons ces raisons du cœur, dont parlait Pascal et dont il disait que la raison ne les connaît pas; — là nous trouverons ces consolations infinies dont notre cœur est affamé et altéré; — là nous trouverons mieux encore que des consolations, nous trouverons le Consolateur lui-même, le Dieu fait homme, le Sauveur du monde, Celui qui a vaincu le sépulcre et qui a brisé l'aiguillon de la mort; comme aux jours de sa vie nous l'entendrons nous dire avec l'accent d'une divine compassion : « Venez à moi, vous tous qui êtes travaillés et chargés, et je vous soulagerai, et vous trouverez en moi le repos de vos âmes »; et nous, avec l'Apôtre, nous lui dirons à notre tour : « A quel autre irions-nous qu'à toi, Seigneur? tu as les paroles de la vie éternelle. »

PAROLES

PRONONCÉES PAR M. LE PASTEUR PICARD

Val-Richer, 18 *décembre* 1889.

MES FRÈRES,

Nous voici encore une fois réunis autour de ce
cercueil qui renferme tout ce qui reste de ce père,
de ce frère, de cet ami que Dieu nous a repris. Tout
ce qui reste de lui, ai-je dit? Je parle à la façon du
monde. Mais, Dieu soit loué! vous savez qu'il vous
reste autre chose que ce qui est poudre et retourne
à la poudre.

Ce qui vous reste de lui, c'est tout d'abord un
exemple, l'exemple de cette fidélité au devoir dont je
parlais hier et qui fut le trait distinctif de son caractère. Après tout, l'homme n'est grand que par là. Ce
qui nous élève au-dessus du reste de la création, ce
qui nous distingue de la multitude des êtres, c'est
moins l'intelligence et le cœur que la conscience.

Il vaut la peine de vivre pour obéir à sa conscience et pour faire son devoir. Vivre ainsi, c'est réaliser notre vraie destinée sur la terre. Quand la vie sera finie pour nous, il importera peu que nous ayons été riches ou pauvres, que nous ayons été privilégiés ou abandonnés du bonheur, qu'on ait beaucoup parlé de nous dans le monde ou que nous ayons passé obscurs et ignorés entre les hommes ; — ce qui importera, c'est que nous ayons fait ce que Dieu nous avait donné à faire sur la terre, quelle que soit d'ailleurs la place que nous y aurons occupée ; — ce qui importera, en arrivant au seuil de l'éternité, c'est d'entendre la voix du souverain Juge nous dire : « Cela va bien, bon serviteur, tu as été fidèle en peu de choses ; entre dans la joie de ton maître. »

Recueillons à cet égard l'exemple que nous laisse M. de Witt. Recueillons-le à un autre égard que je n'ai pas le droit d'oublier ici. Je veux parler de son patriotisme. M. de Witt se rappelait une illustre parole qui est dans la mémoire et dans le cœur de chacun des membres de cette famille : « La France est difficile à servir, il faut la servir d'autant mieux. » M. de Witt avait recueilli cette parole et en avait fait une de ses devises favorites. Servir la France, la servir toujours, la servir quand même, c'était son ambition à lui. Pendant cette agonie qui a duré, non des heures, mais des mois, un nom revenait sans cesse sur ses lèvres : c'était le nom de la

France. « J'aurais voulu vivre, disait-il au moment
où il commençait lui-même à se sentir frappé à mort,
j'aurais voulu vivre afin de servir mon pays. » —
« Mon rêve, disait-il encore, eût été de tomber sur
un champ de bataille et de mourir pour ma patrie. »
Puis, s'adressant à vous, Messieurs, héritiers de son
nom et aussi de son âme, nous le croyons, il vous
disait : « Il faut que vous me remplaciez dans le ser-
vice de notre pays. »

Il est vrai qu'en vous disant cela il associait au
nom de la patrie celui d'un prince auquel il avait
voué une affection pleine de respect. Moi, ministre
de Jésus-Christ, revêtu à cette heure de ma robe pas-
torale, j'ignore les luttes de la politique et les passions
des partis, mais je m'en voudrais si, avant de quitter
cette maison où l'amour de la patrie a fait battre tant
de nobles cœurs, je ne prononçais pas, à mon tour,
le nom glorieux de la France et si je ne bénissais pas
tous ceux qui l'aiment et qui veulent la servir.

J'ai parlé hier des convictions religieuses de
M. de Witt, et il est probable que, dans la crainte de
dépasser les limites de la vérité, je n'ai pas dit tout
ce qu'il eût fallu dire. Je viens de relire la relation
intime de quelques conversations que M. de Witt
avait eues, pendant sa maladie, avec des membres de
sa famille et que ceux-ci ont pieusement recueillies.

J'ai pu constater, en lisant ces notes qu'on a bien
voulu me communiquer, combien la foi de M. de Witt

dépassait ce vague spiritualisme dont un si grand nombre de prétendus croyants se contentent aujourd'hui. Ce qui apparaît constamment dans ces lignes, c'est la confiance en Dieu, la soumission à sa sainte volonté, l'acceptation du grand mystère de la Rédemption, et aussi le souci de l'âme, de l'âme immortelle : « J'aurais l'âme tranquille, disait-il naguère, si j'étais sûr que tous ceux que j'aime soient sauvés. »

L'âme humaine, le monde à venir, nos destinées éternelles, le salut qui nous est offert en Jésus-Christ, n'étaient donc pas pour lui de vains mots, mais les plus augustes et les plus certaines des réalités.

Voilà, mes frères, ce qui vous reste de lui, un exemple dont il faut que chacun de nous s'inspire, au milieu des défaillances et des vulgarités de l'heure présente. Voilà ce qui reste de lui... Mais il reste plus encore. Il reste lui-même, lui tout entier. Il ne vit pas seulement de cette immortalité du souvenir par laquelle on essaye en vain de nous consoler de notre néant. Il vit dans le sein de Dieu, de ce Dieu auquel il croyait, de ce Dieu qu'il priait, de ce Dieu auquel, dans ses cruelles souffrances, il remettait son âme et l'âme de ceux qu'il aimait.

Sur la tombe des premiers chrétiens on lisait souvent ce seul mot : « Vivit. » *Il vit*. J'ai lu bien des pages éloquentes sur l'immortalité, mais je n'en connais aucune qui me paraisse aussi éloquente que cette simple affirmation de la vie : « Vivit », et je n'ai pas besoin d'autre chose que cette affirmation. On ne démontre pas la lumière, on ouvre les yeux et l'on est convaincu; on ne démontre pas la vie non plus, on écoute son cœur et l'on croit. Vous me démontreriez par les arguments les plus ingénieux que ces trésors d'intelligence, de volonté, d'amour, que ce cœur si bon, que cette conscience si droite, que tout cela, nous allons l'enfouir dans un moment sous la pierre d'un tombeau; vous me démontreriez cela avec une rigueur presque mathématique, je ne vous croirais pas encore, je ne vous croirais jamais, je ne pourrais pas vous croire; car tous vos raisonnements et toutes vos preuves se heurteraient à la protestation indignée de mon âme, qui, sans raisonner, sans discuter, répétera dans une inébranlable certitude : « Il vit. »

Oui, la démonstration de la vie, elle est là, dans les profondeurs immuables de l'âme humaine.

Mais il en est une autre qui la confirme d'une façon magnifique et que nous, chrétiens, nous ne saurions oublier.

Il y a dix-huit siècles, un fils de femme qui était — ô mystère de l'amour divin! — le Fils de Dieu lui-même, fut déposé, lui aussi, dans un sépulcre. Les hommes pervers croyaient avoir enfermé pour jamais sous la lourde pierre cette âme divine. Mais trois jours après la pierre était roulée : le frère aîné de l'humanité était sorti vivant de son tombeau, mettant ainsi en évidence la vie et l'immortalité, c'est-à-dire notre vie à nous, notre immortalité à nous, — par sa résurrection d'entre les morts.

L'un des Évangélistes, qui nous raconte la résurrection de Jésus-Christ, nous raconte aussi que quand les saintes femmes arrivèrent auprès du tombeau vide de leur Maître, elles aperçurent devant ce tombeau un messager céleste, tout resplendissant de lumière, qui leur dit : « Ne cherchez pas parmi les morts celui qui est vivant. »

Dans un instant, vous serez réunis autour d'une tombe. Dieu, qui sait de quoi nous sommes faits, sait ce qu'il en coûte à nos pauvres cœurs de voir déposer dans la poussière la dépouille mortelle de nos bien-aimés.

O vous, que Dieu appelle aujourd'hui à accomplir ce suprême sacrifice, réunissez tout ce que vous avez de foi dans votre âme pour contempler ce qui est invisible et pour entendre ce qui est ineffable, — et au-dessus du tombeau qui, une fois de plus, va s'ouvrir et une fois de plus se refermer, vous verrez planer l'ange de lumière et vous entendrez sa voix vous dire : « Ne cherchez point parmi les morts celui qui est vivant. »

PARIS

TYPOGRAPHIE DE E. PLON, NOURRIT ET Cie

Rue Garancière, 8.

PARIS

TYPOGRAPHIE DE E. PLON, NOURRIT ET Cie

Rue Garancière, 8

www.ingramcontent.com/pod-product-compliance
Ingram Content Group UK Ltd.
Pitfield, Milton Keynes, MK11 3LW, UK
UKHW031704170726
13836UKWH00001B/30